**Seite 9**
Weihnachtsgeschichten

**Seite 17**
Zum Nikolaus

**Seite 23**
Schön aufgesagt

**Seite 33**
Freche Verse

**Seite 41**
Weihnachtsgesänge

**Seite 55**
Witze,
Trinksprüche & Co.

**Seite 71**
Party,
Spiele & Co.

**Seite 82**
Das gibt es noch

**Seite 84**
Impressum

# Vorsätzliches voran gesetzt

Was wir an Weihnachten so lieben,
darüber steht im Buch geschrieben.
Und das vor allem mit Humor -
drum kommt Euch vieles spanisch vor.

Wir singen manches Weihnachtslied
mit spaßig' Text - welch Unterschied!
Um nur ein Beispiel Euch zu geben -
loten wir tief ins wahre Leben:
"Weil Fritz im Wald 'ne Tanne klaut,
der Weihnachtsmann ihn stracks verhaut."

Ob Weihnachtsmänner wirklich streiken?
Wie lustig dieses Fest bestreiten?
Was wurde letztes Jahr gemacht?
Aus "Stille Nacht" ward "Schrille Nacht"?
Obwohl die Feierlichkeit hat Bestand:
es kräftig unkt im Weihnachtsland!

Wirst Du an alle Wünsche denken?
Vermeidest Risiko beim Schenken?
Wann Weihnacht in
Kleinkleckersdorf begann,
das lest doch selbst -
viel Spaß daran!
-Horst Rennhack-

## An Heilig Abend

Mit langen Bärten
und roten Mützen
sehen wir sie
Heilig Abend schwitzen.
Sie schleppen
in großen Säcken heran,
was Klein und Groß
erfreuen kann.

# Weihnachts-Geschichten

★ **Alle Jahre wieder**
*Seite 10*

★ **Schöne Bescherung?**
*Seite 14*

## Alle Jahre wieder

### 01. Oktober

Kleinkleckersdorf, Marktplatz, Biergartenwetter. Die Menschen genießen die Wärme und die Oktobersonne. Da fährt ein Kleintransporter vor und platziert Lebkuchen im Eingang des hiesigen Discounters. Zwei Tage später sieht man Berge Dominosteine, Zimtsterne und Glühwein im Supermarkt gegenüber. Leichte Unruhe macht sich am Marktplatz breit. Denn auch der Dekoladen räumt seine Kerzenware ins Schaufenster. Irgendwas liegt in der Luft.

### 8. Oktober

Der Discounter ordert Schokoweihnachtsmänner und Lametta für den Kassenbereich. Der Dekoladen verteilt Strohsterne im Schaufenster und beginnt mit Werbung.

### 15. Oktober

Im Supermarkt findet man Tannengrün im Fischregal und einen Verkostungsstand für Kräuterliköre. Der Dekoladen räuchert sich indessen mit Räucherware ein.

### 22. Oktober

Der Discounter findet Krippenfiguren zwischen den Gänsebraten schick, worauf der Supermarkt einen Rentierschlitten mit nächtlicher Beleuchtung auf dem Marktplatz installiert. Der Dekoladen beschließt, die Bäume vor seinem Laden mit Lichterketten zu bestücken. Beim Friseur gibt es zu jedem Haarschnitt eine Weihnachtsmannmütze gratis.

## 29. Oktober

**Der Discounter stellt singende Schulkinder während der Öffnungszeiten vor den Laden. Der Supermarkt veranstaltet tägliche Chor- bzw. Trompetenkonzerte auf dem Markt. Der Dekoladen organisiert einen Weihnachtsmarkt mit Rabattmarken beim Eintritt.**

## 05. November

**Der Discounter belegt alle Verkaufsregale mit roten Weihnachtskugeln und verpackt alle Einkäufe als Weihnachtsgeschenk. Der Supermarkt verschenkt bei jedem Einkauf eine Weihnachts-CD des hiesigen Rentnerchors. Der Dekoladen veranstaltet Bastelnachmittage.**

## 12. November

**Der Discounter mischt zwischen den Marktständen des Dekoladens Verkaufstände mit Weihnachtsbäumen und der Friseur verkauft weiße Lockenperücken zum Sonderpreis, auf Wunsch mit Beleuchtung. Die Verkäufer des Supermarktes tragen Engelskostüme.**

## 19. November

**Der Supermarkt veranstaltet auf dem Marktplatz Sonderverkäufe von Weihnachtskostümen. Die Boutique aus der Nebenstraße ordert mehrere Lkw's mit Festkleidung und ordnet tägliche Modenschauen zwischen den Chören an. Der Dekoladen rollt zentnerweise Kunstschnee an und dekoriert die Dächer mit Geschenkattrappen.**

## 26. November

Im Discounter tragen die Verkäufer Weihnachtskostüme und singen beim Abkassieren:"Alle Jahre wieder". Der Supermarkt lässt die Rentner stündlich ihre CD live vortragen. Die Sänger sind mit Lichterketten bestückt.

## 3. Dezember

Aufgrund des Platzmangels auf dem Marktplatz lässt der Discounter einen Posaunenchor abends durch die Straßen ziehen. Der Discounter ordert den Kinderchor, der hinterher zieht und Coupons mit Rabattmarken verteilt. Der Dekoladen antwortet mit Flutbeleuchtung am Himmel. Die Boutique bestrahlt die Häuser mit Weihnachtsmotiven. Die ersten Anwohner protestieren.

## 10. Dezember

Der Ort wird abgeriegelt. Die Versorgung durch den Verkehr kann nicht mehr realisiert werden. Die Schlacht geht weiter. Die Boutique organisiert Hausbesuche. Der Discounter eröffnet eine Backstrecke zum Plätzchenbacken in der Nebenstraße.

## 17. Dezember

Angestellte des Discounters dürfen nun offiziell mit Lametta um sich werfen. Die Belegschaft des Supermarktes antwortet mit durchnässtem Kunstschnee. Der Dekoladen hat eine Schneekanone geordert, worauf die Boutique reißend Wintermäntel los wird. Notstromaggregate werden knapp.

## 18. Dezember
Zwischen die singenden Rentner baut der Discounter Stände mit Christstollen. Kostproben gratis, woraufder Supermarkt seine Schokofiguren samt Rentner-CD an Überläufer der Discounterkunden verschenkt.

## 20. Dezember
Seit 3 Tagen versucht das Ordnungsamt in die Stadt vorzudringen. Umsonst. Diverse Weihnachtsumzüge verstopfen die Straßen. Der Discounter hat vor die Stadt Glühweinstände gebaut. Die Boutique verkauft daneben preiswert Mützen. Eine Flucht ist unmöglich. Die Stadt ist zum Notstandsgebiet erklärt worden.

## 23. Dezember
Die Bundeswehr rückt mit Hubschraubern an, um eingeschlossene Zivilisten aus der Stadt zu holen. Bulldozer räumen den Marktplatz. Das Ordnungsamt wütet mit Strafverfahren. Das Krankenhaus ist überbelegt mit Durchfällen und Hörstürzen. Das Energiewerk hat den Strom abgestellt. Die letzten Einkaufswütigen begeben sich in eine Rabattschlacht. Kerzen sind jetzt der Renner.

## 24. Dezember
Es schneit. Ruhe. Kerzenlicht.

## 27. Dezember
Vor dem Discounter fährt ein Kleintransporter mit Schokoladenhasen vor.

## Schöne Bescherung ...?

**Eine Geschichte, die nicht nur "typisch Mann" passieren kann. Aber egal, was "Mann" Frau zu Weihnachten schenkt: Er sollte immer gut in Erklärungen sein. Warum? Hier steht's:**

Die Weihnachtszeit nahte.
Der verliebte Johannes wollte seiner Herzdame ein schönes Geschenk machen und suchte nach etwas Persönlichem.
Nach vielem Hin und Her entschloss er sich, sie mit einem Paar Handschuhe zu überraschen.
Mit dem Päckchen erhielt die Freundin ein paar nette Zeilen zum Geschenk dazu.
Erfreut über seine Wahl beschloss er, auch gleich für seine Schwester ein Geschenk zu besorgen. Für sie sollte es etwas Niedliches, ein paar Slips, sein. Als Bruder fand er nichts Anstößiges daran. Da er nun beide Geschenke gekauft hatte, ließ er sie gleich im Geschäft nett verpacken. Leider vertauschte die Verkäuferin im vorweihnachtlichen Stress die Päckchen.
So erhielt die Schwester das nicht für sie bestimmte Geschenkpäckchen mit den Handschuhen und die Freundin das Päckchen mit den Slips und dem Briefchen.

## Im Brief stand folgender Text:

Meine Liebste,
ich habe es mir nicht leicht gemacht und möchte dich mit meinem Geschenk erfreuen. So fiel mir etwas Nützliches ein, als ich über unseren letzten Spaziergang nachdachte. Ich erinnerte mich, wie eiskalt du warst. Ich würde dir mein Geschenk gern selbst anziehen und mich an dem Anblick erfreuen. Ich hoffe, du empfindest sie als angenehm und verbringst nette Stunden darin. Da ich weiß, dass sie sich mit der Zeit weiten, habe ich sie absichtlich eine Nummer kleiner genommen. Schließlich sollen sie gut sitzen, kurz und knapp. Das Modell mit dem Tigerfellbesatz fand ich zu warm und nicht in deinem Stil. Da du ja sonst keine trägst, sollten die ersten nicht zu übertrieben sein. Sie sind aus superweichem, anschmiegsamen Leder, elegant und mit gutem Sitz. Erst hatte ich welche aus Synthetik, die ich dann zum Glück wieder zur Seite legte. Denn ich glaube, in diesen hättest du ganz fürchterlich transpiriert. Das Reißverschlussmodell fand ich sehr praktisch, wenn es mal schnell gehen soll. Wenn die Sonne höher steht, kannst du sie ganz elegant in der Hand tragen. Zeige sie ruhig beim Sitzen auf einer Parkbank. Du wirst bestimmt mit ihnen auffallen. Sicher werden sie nicht lange sauber bleiben, denn nicht alle Bewunderer haben saubere Hände. Aber es ist ja Leder und du kannst sie feucht abwischen und hartnäckige Flecken mit Benzin reinigen. Ich hoffe, meine Wahl freut dich. Lass sie nicht liegen,
wenn du irgendwo eingeladen bist.

Liebe Grüße und viel Freude
mit dem Geschenk
wünscht dir dein Schatz Johannes

### An den Nikolaus

Nikolaus, komm nur leis' herein
und fülle mir mein Stiefelein.
Mit Süßem, Apfel, Zimt und Stern -
das haben alle Großen gern.
Es kann auch was zum "Prosten" sein,
dann trink ich nur auf dich allein!
Du fleiß'ger Mann hast viel zu tun
und niemals Zeit, bei mir zu ruh'n!

# Zum Nikolaus

✯ **Nettes zum Aufsagen**
*Seite 18*

✯ **Der Adventskalender**
*Seite 20*

**Zum Nikolaus**

Lieber guter Nikolaus
komm schnell zu mir in's Haus,
zieh mich gerne für dich aus,
spiel' für dich die Nikimaus.

Liebe kleine Nikoline
mit deiner süßen Unschuldsmiene,
magst dein Süßes du verstecken.
Soll ich's suchen in den Ecken?
Hinter Türen werd' ich's finden,
mit Seidenschals dich an mich binden,
mit Pfefferkuchen dich vernaschen,
mit Düften dich dann überraschen,
mit süßen Worten dich betören,
bis wir beide Englein hören,
bis wir beide sind ertrunken,
in der Nik'lausnacht versunken.

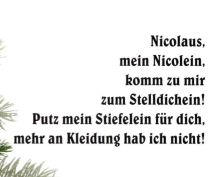

Nicolaus,
mein Nicolein,
komm zu mir
zum Stelldichein!
Putz mein Stiefelein für dich,
mehr an Kleidung hab ich nicht!

Heute kam der Nikolaus,
kam mit seinen Gaben,
hat dir schnell was hingelegt,
will ganz lieb dich haben.
Hatt' es eilig,
aber gib fein acht.
Kommt abends wieder
und bleibt über Nacht.

**Zum Nikolaus** — 19

Heute war kein Nik'laus da.
Pech gehabt, du Suse!
Kommt nur einmal her im Jahr.
Geht woanders schmusen.

Guten Morgen, du bist da,
hab auf dich gewartet.
Ich, dein Nikolaus war da,
bin wieder gestartet.
Lass dir hier viel Süßes da,
und ein Kuss im Sinne.
Freu mich auf das Wiederseh'n,
halt gerne bei dir inne.

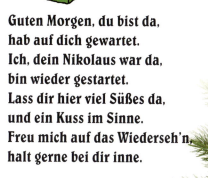

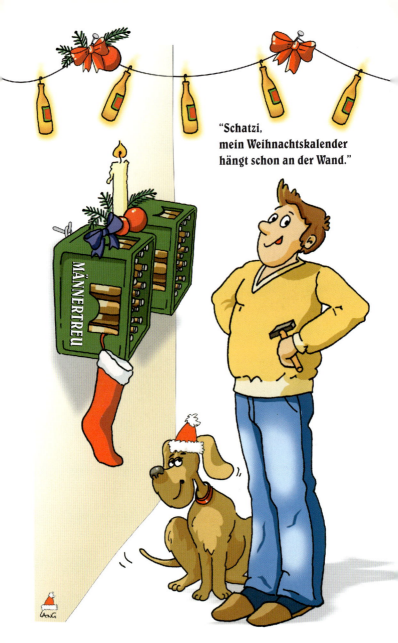

## Weihnachtszeit

Wenn es über Nacht noch schneit,
erwacht der Wald im weißen Kleid.
Kein schöner Bild
zur Weihnachtszeit!

Süßer die Glocken nie klingen
als zu der Weihnachtszeit.
Hör' ich nicht auch Engel singen?
Friede und Freude weit und breit.

Zarter auch Verse nie klingen
als unter'm Tannenbaum.
Könnt' Schöneres ich je besingen
als Geschenk geword'ner Kindertraum?

-Horst Rennhack-

## Schön aufgesagt

✯ **Nikolaus**
Seite 24

✯ **Der Weihnachtsmannstreik**
Seite 25

✯ **Weihnachtsfest einer Hausfrau**
Seite 26

✯ **Berliner Weihnacht**
Seite 28

✯ **Winter-Weihnachts-Zauber**
Seite 29

✯ **Rudis Weihnachtszeit**
Seite 30

✯ **Sehnsucht**
Seite 31

## Nikolaus

Spätabends kam der Nikolaus.
Erst ging er leise um das Haus
und schaut in alle Fenster rein.
Wird er umsonst gekommen sein?

Da sieht er Vater, Mutter, Kind,
wie fröhlich sie beisammen sind
beim Weihnachtslieder-Probesingen.
Denen möcht' er Freude bringen.

Nikolaus stapft vor die Tür,
hier stehen Schuhe, zwei, drei, vier.
Auch Stiefelchen sind mit dabei -
geputzt, als wenn es Sonntag sei.

Aus dem prall gefüllten Sack,
den er schleppt im Huckepack,
holt der gute Nikolaus
für jeden Schuh ein Päckchen raus.

Doch vor dem übernächsten Haus
nimmt der gute Mann Reißaus.
Sah er doch Botten, arg beschmiert.
Geschenkemäßig nichts passiert.

-Horst Rennhack-

# Der Weihnachtsmannstreik

Der Weihnachtsmann und seine Frau
beschlossen in aller Still':
"Wir machen Heilig Abend blau,
kann kommen da, was will.

Die Rackerei, die Packerei,
die Plag' für alle Leute,
wir laden uns die Rentier' ein
und feiern schon ab heute."

Die Weihnachtsmütze abgestreift,
die Spitzenhöschen über,
den Weihnachtsrock voll aufgedreht,
bis alles ist vorüber.

Das Rentier stutzt: Was schnarcht der Mann?
Was phantasiert der Alte?
Jetzt fängt die große Show erst an,
und schon es lauthals schallte.

Da wachte unser Ruprecht auf.
Gott lob, geträumt ward's bloß.
Das Rentier weckt zum Weihnachtslauf.
Juchei heut' geht es los!

-Andrea Bigalke-

## Weihnachtsfest einer Hausfrau

Heiligmorgen -
letzte Einkaufssorgen.

Heiligmittag -
ob jeder die Geschenke mag?

Heilignachmittag -
wie ich's nur dem Manne sag,
dass mir's diesmal konnte glücken,
den Baum mit ihm gemeinsam schmücken?

Heiligabend -
geruhsam und labend.
An selbst geback'nen Mandelplätzchen
knabbern alle meine Schätzchen.

Weihnachtsliederohrenschmaus.
Endlich ruh' auch ich mich aus,
mein jahresschönster Tag ist heut',
denn keine Müh' hab ich gescheut.

Unter'm hellen Tannenbaum
buntverpackter Kindertraum.
Mit den Kerzen
strahlt auch mein Mann.
Wie schön das Weihnachtsfest
sein kann!

**Heilignacht -**
**aus einem Alptraum aufgewacht:**
**'Hab den Abwasch ich gemacht ...?'**

-Horst Rennhack-

## Berliner Weihnacht

Vom Müggelturme komm ich her.
Da oben staunt' ich: Es weihnachtet sehr!
Allüberall auf den Tannenspitzen
sah ich bunte Lichter blitzen.

Und auf den Balkonen uns'rer Stadt,
die Sommers so viel Grünes hat,
konnt' ich schon Tannenbäume seh'n,
die bald im Lichterglanze steh'n.

Wollt ihr nach Festtagsgänsebraten
aus Bauches Fugen nicht geraten -
spaziert mit mir zum Teufelssee,
wo jetzt kein Teufel in der Näh',
oder weiter noch zum Müggelhort;
denn ich vermut' Knecht Ruprecht dort.

Hört - von weitem klingt ein Harfenton.
Die Engel musizieren schon!
Weihnacht wird schon eingeläutet -
das Fest, das uns so viel bedeutet.

-Horst Rennhack-

# Winter-Weihnachts-Zauber

Tannenduft und Kerzenschein,
gemütlich beieinander sein,
Geschenke verpacken -
bunt und schön,
mit Kärtchen und Bändern -
hübsch verseh'n.

Herzliche Worte
machen sich breit.
Herzerwärmend -
Glückseligkeit.
Gebackene Plätzchen
und Bratapfelduft,
der Zauber der Weihnacht
liegt längst in der Luft.

Kurzweilig vergessen
sind Kummer und Leid,
ach, wäre doch immer
Winter-Weihnachts-
Zauber-Zeit!

-Kathrin Schmigalle-

# Rudis Weihnachtszeit

Heiße Rudi, bin noch so klein,
möcht' ein großes Rentier sein,
möchte auch durch Lüfte fliegen,
dichte Schneegestöber spüren.

Winterweihnacht macht so Spaß,
wenn vom Schnee man ist klitschnass,
wenn die Nase tiefgekühlt, doch
Nachbars Zaun ein Schneezwerg ziert.

Wenn Häuser zieren weiße Flecken
von den Schneeballhochwurfjecken.
Wenn auf der Schlitterbahn vorm Haus
die Meckersusi rutscht dann aus.

Doch wenn ich dann ganz durchgefroren,
eisig Hufe und rote Ohren,
kommt Schokolade heiß und süß,
ein Pfefferkuchen und Zuckergries.

Dann möcht' ich wieder Klein-Rudi sein,
kuscheln beim Rentiermütterlein.
Träume von der Welt so weit,
von der Weihnachtsrentierzeit.

-Andrea Bigalke-

## Sehnsucht

Heute kommt der Weihnachtsmann!
Kommt gestapft aus tiefer Tann,
wird doch sicher hungrig sein.
Soll nicht dürsten so allein.

Zünd ich also Kerzen an,
backe für den Weihnachtsmann,
stell den süßen Wein gleich kühl,
dekoriere mit Gefühl.

Brauch' ich noch was anzuziehn?
Ist nach Glockenläuten ihm der Sinn?
Düfte sollten in den Raum,
Licht aus einem Weihnachtstraum.

Steige frisch geduscht und parfümiert
in den Hauch, von Nichts berührt.
Mache Feuer im Kamin,
träum' romantisch vor mich hin.

Hör ich was? War da ein Ton?
Ist der Weihnachtsmann das schon?
Eile feengleich zur Tür -
Weihnachtsmann, ich komm zu dir!

-Andrea Bigalke-

## Knecht Ruprecht

Knecht Ruprecht,
der ist hoch entzückt,
wenn sich ein Englein
vor ihm bückt.
Er kann vor Freude
sich nicht zügeln,
packt es am Po und an den Flügeln.
Denn auch Knecht Ruprecht
ist nur "Mann",
der keinem Englein
widerstehen kann.
Ihr kleinen Englein,
gebt fein acht,
habt Spaß
in dieser Weihnachtsnacht!

## Freche Verse

**Hallo lieber Onkel Klaus,
du spielst heut'
den Nikolaus.
Mich, den Hans,
den täuschst du nicht
mit roter Larve
vor'm Gesicht.
Auch stimmlich
bist du Onkel Klaus -
nun rück schon
die Geschenke raus!**

-Horst Rennhack-

*Freche Verse*

Willst du dem Weihnachtsmann gefallen,
sag' ein Sprüchlein auf vor allen.
Wer keinen kleinen Vers studiert:
Geschenke-Chancen gleich halbiert!
-Horst Rennhack-

Lieber Kumpel
Weihnachtsmann!
Bin achtzehn -
ein gestand'ner Mann.
Ich komm nicht
an die Heidi ran.
Sie sieht stets weg - mag sie mich nicht?
Ich bin weiß Gott kein kleiner Wicht!
Ich bitte dich
ganz inniglich-
vermitt'le und verband'le mich!
-Horst Rennhack-

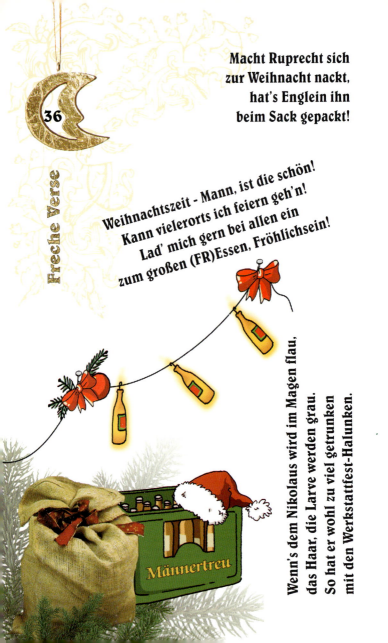

**Freche Verse**

**Macht Ruprecht sich
zur Weihnacht nackt,
hat's Englein ihn
beim Sack gepackt!**

Weihnachtszeit – Mann, ist die schön!
Kann vielerorts ich feiern geh'n!
Lad' mich gern bei allen ein
zum großen (FR)Essen, Fröhlichsein!

Wenn's dem Nikolaus wird im Magen flau,
das Haar, die Larve werden grau.
So hat er wohl zu viel getrunken
mit den Werkstattfest-Halunken.

Fängt Ruprechts Schlitten an zu schlängeln,
die Rentiermeute an zu quengeln,
so muss der Alte sich beeilen,
die Geschenke zu verteilen.
Kommt schwer bepackt zu uns hernieder,
mit leeren Säcken fährt er wieder.

*Freche Verse*

Das Fritzchen auf der Flöte spielt,
die Mutter vor Entzücken schielt,
der Papa vor Vergnügen lacht,
Luischen in die Hose macht.
Die Oma sitzt mit leck'rem Punsch
und hat so manchen heißen Wunsch,
lacht Opa von der Seite an,
denn der mimt heut'
den Weihnachtsmann.
So gibt es hier in jeder Fülle
weihnachtliche Idylle.

Lieber guter
Weihnachtsmann,
schau die andern böse an,
mich aber
lade herzlich ein,
reich von dir
beschenkt zu sein.
-Horst Rennhack-

**Freche Verse**

Das Englein
sprach zum Weihnachtsmann:
"He, Alter
auf deine Rute kommt es an!
Mach dir um's Schenken
keine Sorgen,
verschieb' beruhigt es auf morgen!"
Der Alte zog voll überraschen
ein kleines Fläschchen aus der Taschen.
"Komm, Englein setz dich her zu mir,
wir trinken jetzt dies Tröpfchen hier!"
So leerten sie die kleine Flasche,
er zückte die Rute - <u>nicht</u> aus der Tasche!
"Ach, so ein Weihnachtsfest, das lob ich mir!
Mein Engelein -
schön ist's mit dir!"
So sank er hin und träumt noch fein
vom Glockenklang und Seligsein.

-Kathrin Schmigalle-

# Feiernacht

**Weihnachtsnacht, Feiernacht,
alles Licht angemacht,
alle Gläser schnell eingeschenkt
nun erhoben und leicht geschwenkt.
Lasst uns singend trinken,
lasst uns trinken.**

**Weihnachtsnacht, Feiernacht,
wird an Spaß und Freud gedacht,
Erzählt, getanzt und auch gespielt.
Jeder wohl sich an Weihnacht fühlt.
Lasst uns feiernd trinken,
lasst uns trinken.**

Text: Andrea Bigalke,
Melodie: "Stille Nacht"

# Weihnachtsgesänge

☆ **Alle Jahre wieder**
  Seite 42

☆ **Trink, trink, Engelchen trink**
  Seite 43

☆ **Fröhliche Weihnacht überall**
  Seite 44

☆ **Ihr Kinderlein, kommet**
  Seite 46

☆ **Morgen kommt der Weihnachtsmann**
  Seite 48

☆ **Stille Nacht, heilige Nacht**
  Seite 49

☆ **Morgen, Kinder, wird's was geben**
  Seite 50

☆ **Oh Tannebaum**
  Seite 52

# Alle Jahre wieder

2. Kehrt mit seinem Segen
ein in jedes Haus,
geht auf allen Wegen
mit uns ein und aus.

3. Steht auch mir zur Seite
still und unerkannt,
dass es treu mich leite
an der lieben Hand.

-Volksgut-

# Trink, trink, Engelchen trink

Trink, trink, Engelchen trink,
lass doch den Festtag vorbei.
Trink, trink, Engelchen trink,
beim Schunkeln
sind wir doch so frei.

Meide den Niklaus
und meide den Elch,
dann ist der Abend so schön.
Meide den Himmel
und meide die Tann,
lass uns noch trinken geh'n.

43

Weihnachtsgesänge

Melodie: "Trink, trink,
Brüderlein trink"
Text: Andrea Bigalke

2. "Fröhliche Weihnacht überall!"
   tönet durch die Lüfte froher Schall.
   Weihnachtston, Weihnachtsbaum,
   Weihnachtsduft in jedem Raum!
   "Fröhliche Weihnacht überall!"
   tönet durch die Lüfte froher Schall.
   Licht auf dunklem Wege, unser Licht bist du,
   denn du führst, die dir vertrau'n,
   ein zur sel'gen Ruh.

3. "Fröhliche Weihnacht überall!"
   tönet durch die Lüfte froher Schall.
   Weihnachtston, Weihnachtsbaum,
   Weihnachtsduft in jedem Raum!
   "Fröhliche Weihnacht überall!"
   tönet durch die Lüfte froher Schall.
   Was wir andern taten, sei getan für dich,
   dass bekennen muss,
   Christkind kam für mich.

   -Volksgut-

# Ihr Kinderlein, kommet

1. Ihr Kin-der-lein, kom-met, o kom-met doch all! Zur Krip-pe her-kom-met in Beth-le-hems Stall und seht, was in die-ser hoch-hei-li-gen Nacht der Va-ter im Him-mel für Freu-de uns macht.

Weihnachtsgesänge

2. O seht in der Krippe
   im nächtlichen Stall,
   seht hier bei des Lichtleins
   hell glänzendem Strahl
   den lieblichen Knaben,
   das himmlische Kind,
   viel schöner und holder,
   als Engelein sind!

3. Da liegt es, das Kindlein,
   auf Heu und auf Stroh,
   Maria und Joseph
   betrachten es froh.
   Die redlichen Hirten
   knien betend davor,
   hoch oben schwebt jubelnd
   der Engelein Chor.

4. O beugt, wie die Hirten,
   anbetend die Knie,
   erhebet die Händlein
   und danket wie sie,
   stimmt freudig, ihr Kinder,
   wer wollt sich nicht freun,
   stimmt freudig zum Jubel
   der Engel mit ein!

   -Volksgut-

# Morgen kommt der Weihnachtsmann

1. Mor - gen kommt der Weih - nachts - mann,
kommt mit sei - nen Ga - ben.
Bun - te Lich - ter, Sil - ber - zier,
Kind mit Krip - pe, Schaf und Stier,
Zot - tel - bär und Pan - ther - tier
möcht ich ger - ne ha - ben.

2. Doch du weißt ja unsern Wunsch,
kennst ja unsre Herzen.
Kinder, Vater und Mama,
auch sogar der Großpapa,
alle, alle sind wir da,
warten dein mit Schmerzen.

-Volksgut-

# Stille Nacht

1. Stil-le Nacht, hei-li-ge Nacht!
Al-les schläft, ein-sam wacht
nur das trau-te hoch-hei-li-ge Paar;
hol-der Kna-be im lo-cki-gen Haar,
schlaf in himm-li-scher Ruh,
schlaf in himm-li-scher Ruh!

-Volksgut-

# Morgen, Kinder, wird's was geben

1. Morgen, Kinder, wird's was geben,
morgen werden wir uns freun!
Welch ein Jubel, welch ein Leben
wird in unserm Hause sein!
Einmal werden wir noch wach,
heißa, dann ist Weihnachtstag!

2. Wie wird dann die Stube glänzen
von der großen Lichterzahl!
Schöner als bei frohen Tänzen
ein geputzter Kronensaal.
Wisst ihr noch, wie vor'ges Jahr
es am Heil'gen Abend war?

Volksgut-

3. Wisst ihr noch
mein Räderpferdchen,
Malchens nette Schäferin,
Jettchens Küche mit dem Herdchen
und dem blank geputzten Zinn?
Heinrichs bunten Harlekin
mit der gelben Violin?

Morgen, Kinder, wird's was geben,
einen super Weihnachtsspaß!
Lasst uns unser Glas erheben,
jeder hat ein eigen Maß.
Alte Regeln über Bord,

Redaktion-
mit Witz und Spaß geht es so fort!

51

Weihnachtsgesänge

Weihnachtsgesänge

# Oh Tannebaum, oh Tannebaum

Oh Tannebaum, oh Tannebaum,
du grüntest schön am Waldessaum.
Dort hat der Fritz dich weggeklaut,
wovon der Förster nicht erbaut.
Oh Tannebaum, oh Tannebaum,
du grüntest einst am Waldessaum.

Oh Tannebaum, oh Tannebaum,
du stehst in Fritzens warmen Raum,
was man dem Weihnachtsmann erzählt,
der für den Fritz die Rute wählt.
Oh Tannebaum, oh Tannebaum,
wie schwitzest du in Fritzens Raum.

Oh Tannebaum, oh Tannebaum,
du grünst nicht lang in Fritzens Raum.
Du nadelst ihm den Teppich voll,
das findet Fritze gar nicht toll.
Oh Tannebaum, oh Tannebaum,
du grünst nicht lang im Räuber-Raum.

Text: Horst Rennhack,
Melodie: "Oh Tannebaum"

## Beim Weihnachtsmann

Der Weihnachtsmann nimmt ein neues
Engelchen in seine Dienste und zeigt ihm
seine spärlich eingerichtete Wohnung.
"Sag mal, Weihnachtsmann, es gibt hier
keinen Schreibtisch.
Du hast doch sicher reichlich
Post zu beantworten. Worauf schreibst du?",
fragt das Engelchen verwundert.
"Nun, ich habe eines von euch Engeln
als Haushaltshilfe bei mir. Es bückt sich
und ich kann auf seinem Rücken schreiben."
"Weihnachtsmann, du hast ja gar kein Bett.
Worauf schläfst du denn?", fragt das Engelchen
noch verwunderter.
"Also weißt du, wenn ich müde bin,
drehe ich einfach den Schreibtisch um ...!"

# Witze, Trinksprüche & Co.

Der Weihnachtsmann ist gekommen und sagt:
"Wer ein kurzes Gedicht aufsagt, bekommt ein kleines Geschenk. Wer ein langes Gedicht aufsagt, bekommt ein großes Geschenk."
Fritzchen stottert aufgeregt:
"Liieebbb... gggut... Weihweih... "
"Und wer mich verarscht, kriegt gar nichts!"

"Mama, sorgt Gott dafür,
dass wir zu essen haben?"
"Ja mein Kind."
"Und der Nikolaus
und das Christkind bringen uns
viele Geschenke?"
"Aber gewiss, mein Kind."
"Und mich hat der
Klapperstorch gebracht,
nicht wahr?"
"Oh ja, das hat er."
"Aber Mama, wozu
brauchen wir dann Papa?"

Willst du ein Weihnachtsfest in Frieden,
erfüll' die Wünsche deiner Lieben!

Karl-Heinz liegt nach der alljährlichen
Betriebsweihnachtsfeier betrunken
im Straßengraben.
Ein vorbeikommender
Pastor glaubt,
er habe einen Sterbenden
vor sich und fragt:
"Mein Sohn,
wünschst du
die letzte Ölung?"
Karl-Heinz lallt:
"Um Himmels Willen,
nur nichts Fettiges ...!"

**Weihnachtsgeld:**
Drei unterhalten sich,
was sie mit ihrem Weihnachtsgeld
machen werden.
Der Erste:
"Ich bin bei der größten Bank.
Ich werde mir ein neues Auto kaufen
und von dem Rest in den Urlaub fahren."
Der Zweite:
"Ich arbeite beim größten Autohersteller.
Ich lasse unser Schwimmbad ausbauen
und mache vom Rest eine Weltreise."
Der Dritte:
"Ich bin Beamter und kaufe mir von
meinem Weihnachtsgeld einen neuen
Pullover." Daraufhin fragen die anderen:
"... und der Rest?"
"... den gibt mir
meine Mutter dazu ...!"

Nach der Bescherung
fragt Franz:
"Du Weihnachtsmann,
musst du dein Gesicht
eigentlich
auch waschen
oder kämmst du
es nur?"

**Witze & Sprüche**

Heiligabend. Der Ehemann ruft seiner Frau zu: "Schatz, wie weit bist du denn mit der Weihnachtsgans?"
"Mit dem Rupfen bin ich gerade fertig geworden. Ich muss sie jetzt nur noch schlachten ...", antwortet sie aus der Küche.

"Du darfst dir was ganz schönes zu Weihnachten wünschen.", sagt die Oma zu ihrer Enkelin. "Oh, toll Oma, dann wünsche ich mir dein Sparbuch!"

Die Familie Lange sitzt am Heiligen Abend gemütlich im Wohnzimmer und singt Weihnachtslieder. Plötzlich klingelt es an der Haustür. Die kleine Anne geht sie öffnen. Draußen steht der Weihnachtsmann und fragt: "Frohe Weihnachten, mein Kind! Willst du mal sehen, was ich schönes in meinem Sack habe?" Das Kind rennt schreiend zu den Eltern: "Mama, Papa, der Perverse vom letzten Jahr ist wieder da ...!"

## Trinksprüche

Ein Prosit auf den Santa Claus,
auf Gänsebraten, Kerzenschein.
Wir leeren manches Gläschen aus
beim fröhlichen Zusammensein.

Pfefferkuchen und Gänseklein
schiebt ein jeder in sich rein.
Darauf wird ein Schnaps gegossen
und alles wieder neu genossen!

Auf frohe Stunden
stoßt mit an,
lasst uns das Fest
genießen.
Den wohl betagten
Weihnachtsmann
wollen dankend wir
begießen.

Auf die Schwiegereltern,
Anverwandte,
ein jeder gibt sich heut'
die Kante.
Wie jedes Jahr,
selbst eingeladen,
kommen sie
in großen Schwaden.
Kann Weihnachten
denn schöner sein,
als in Familie
im trauten Heim?

Kommt **Ruprecht**
mit dem großen Schlitten,
muss uns nicht lang ums Reden bitten.
So eins, zwei, drei ist aufgesagt,
was Ruprecht von uns hören mag.
Sind alle Päckchen dann verteilt,
der Papa an die Hausbar eilt.
Nun woll'n wir munter einen heben,
Weihnachtsmann - **Hoch sollst du leben**!

Die Weihnachtslieder hört man weit,
das tut uns auch ganz furchtbar leid.
Den Engeln wird davon ganz übel,
die Lieder sind nicht aus der Bibel!

Jedes Jahr sitzen wir hier
und lauern auf ein kühles Bier.
Hat Ruprecht seinen Dienst getan,
geh'n wir das feuchte Laster an.
**PROST!**

Trinksprüche

# Der Weihnachts-Whisky-Kuchen

**Man nehme:** 1 Tasse Wasser, 1 Tasse weißen & braunen Zucker, 4 große Eier, 1 Zitrone, 2 Tassen getr. Früchte, 1 Teelöffel Backpulver, 1 Teelöffel Salz, 1 Handvoll Nüsse, **1 Liter Whisky**

**Zubereitung:**
Zuerst probieren Sie den Whisky und prüfen die Qualität. Nehmen Sie eine große Rührschüssel. Probieren Sie nochmals den Whisky aus einer randvollen Tasse. Ist er wirklich gut? Wiederholen Sie zur Sicherheit den Vorgang. Schlagen Sie mit dem Mixer die Butter in der Schüssel flaumig weich und fügen Sie den Zucker hinzu. Überprüfen Sie, ob der Whisky noch in Ordnung ist! Probieren Sie wieder eine randvolle Tasse. Prost. Mixen Sie den Schalter und brechen Sie 2 Eier aus. Bitte in die Schüssel. Hau'n Sie die schrumpligen Früchte rein. Malten Sie den Schixer an. Bleibt das öde Obst stecken, lösen's des mit 'ne Zraubenschier. Whisky auf Konsissstenzzzz briefen! Zitrone in den Hixxer und Ihre Nüsse ausdrücken. En Tasssche hinzu függen. Zucker, alles. Ofen fetten und 350° drehen. Schnixxer schlagen bis ausch. Whisky austrinken, Rührschüssel wegwerfen, auf den Kuchen pfeifen und 3 Kopfschmerztabletten zur Prophylaxe nehmen.

*Witze & Sprüche*

Der Weihnachtsmann macht mit einem seiner
Engel Sommerurlaub.
Bei einem Spaziergang entdeckt der Engel
eine nackte Schönheit beim Sonnenbaden.
"Weihnachtsmann, sieh nur. Was hat die
Schönheit dort Schwarzes zwischen den Beinen?"
"Schau dort nicht hin, das ist die Hölle!",
sagt der bärtige Alte.
"Ach, das habe ich mir fast gedacht,
in meiner Hose ist schon der Teufel los!"

Witze & Sprüche

Am Heiligen Abend eilt der
Weihnachtsmann von Haus zu Haus
und verteilt die Geschenke.
Plötzlich überkommt ihn
ein sehr menschliches Bedürfnis.
So eilt er vom Dach und stellt sich
an den nächstbesten Baum
und verrichtet sein kleines Geschäft.
Es kommt, wie es kommen musste.
Eine ältere Dame kommt daher,
stellt sich empört an die Seite
und schimpft:
"Pfui, wie roh!"
"Aber, gnädige Frau,
soll ich ihn etwa
Ihretwegen
räuchern lassen ...?"

Prost – auf unser Engelchen, auf das schöne Weihnachtsfest, auf der Hausfrau Künste, und die Bratendünste.

Lieber
'ne Rute zu
Weihnachten
als gar keinen
Verkehr.

Lieber
zwei Pfirsiche
in der Bluse
als zwei Bratäpfel
in der Röhre.

Lieber
mundgeblasene Eier
als handbemalte Kugeln.

Lieber vom
Weihnachtsmann gejagt
als von der Schwiegermutter
verfolgt.

Was ist der Unterschied zwischen einer Kuh und dem Weihnachtsmann? Nun, die Kuh kann man melken - der Weihnachtsmann muss sich das nicht gefallen lassen!

Trinkt bis zur Götterdämmerung
an diesem heil'gen Feste.
Denn morgen gibt's nur Mäßigung
und die öden Reste.

Ich trinke auf den Flitter,
die Locken und dein Kleid.
Ich trink auf dich mein Engel,
dass du heut' bei mir bleibst.

Kommt ihr Brüder zum Frühshoppen frisch.
Kommt eh der Braten uns ruft an den Tisch.
Kommt zu der einzig wahren Weihnachtsstunde.
Kommt und trinkt in der Stammtischrunde.

Lieber ruhige besinnliche Feiertage
als ohne Besinnung keine Ruhe zum Feiern.

*Witze & Sprüche*

Ein kleines Mädchen steht stolz mit
dem neuen Mountainbike an der Ampel.
Ein Polizist der Reiterstaffel nähert sich.
"Na Kleine, hast du das Fahrrad
vom Weihnachtsmann bekommen?",
fragt er das Mädchen.
"Ja, das habe ich.",
antwortet ihm die Kleine.
"Es tut mir leid, aber ich muss dir leider
20 Euro abnehmen, du hast keine Reflektoren
an deinem Rad. Sage dem Weihnachtsmann,
er soll dir Reflektoren dazu schenken.",
sagt der Polizist.
Darauf hin fragt das Mädchen den Polizisten:
"Haben Sie Ihr Pferd auch
vom Weihnachtsmann
geschenkt bekommen?"
Kurz entschlossen nickt er.
"Na, dann sagen Sie dem Weihnachtsmann
im nächsten Jahr, dass das Arschloch
hinten dran kommt
und nicht oben drauf!",
erwidert das Mädchen
und zischt los.

In der Weihnachtszeit geschehen manchmal
die merkwürdigsten Dinge.
Einer Familie wurde nach
langem Warten endlich der Nachwuchs beschert.
Das Kind wuchs mit viel Liebe und Zuneigung
heran, aber es wollte einfach nicht sprechen.
Nach Jahren - wieder zur Weihnachtszeit -
sagte es plötzlich: "Opa".
Alle waren erstaunt. Doch zu allem Unglück
verstarb der Opa wenige Tage später.
Wieder schwieg das Kind ein ganzes Jahr.
In diesen Weihnachtstagen
sagte das Kind: "Oma".
Und die Oma verstarb in der gleichen Woche.
Wieder schwieg das Kind ein ganzes Jahr lang.
Den Eltern waren diese Vorfälle unheimlich.
Dann war es soweit: es weihnachtete.
Plötzlich sagte das Kind: "Papa".
Dem Vater wurde Angst und Bange.
Er fuhr an diesem Tag nur im Schneckentempo
seine Wege erledigen und ging jeder Gefahren-
quelle aus dem Weg. Alles ging gut.
Wieder wohlbehalten zu Hause
angekommen, sagt seine Frau:
"Stell dir vor,
wer heute gestorben ist:

der POSTBOTE!"

Zwei Freunde unterhalten sich.
Alex: "Ich habe eine Kette für meine
Freundin zu Weihnachten gekauft."
Jens: "Mann, das ist eine gute Idee,
meine haut auch immer ab!"

Ein Schotte kommt in eine Postfiliale
und kauft eine 55-Cent-Briefmarke.
"Machen Sie bitte den Preis ab
und verpacken Sie diese.
Es soll ein Weihnachtsgeschenk sein ...!"

Auf einer Kreuzung kollidieren am Heiligen Abend
zwei Autos. Die Polizei kommt und der Beamte
zückt seinen Notizblock um den Hergang zu notieren.
Der zuerst befragte und schuldige Fahrer:
"Aber Herr Polizist, man wird doch wohl noch
auf's Weihnachtsfest
anstoßen dürfen ...!"

Lieber Heilig Nacht
die Englein herein
lassen,
als mit Pauken
und Trompeten
rausgeschmissen werden.

# Weihnachtswürfeln

Keine Lust auf Geschenkeverteilen
nach Namenslisten?

Erwürfeln Sie Ihr Geschenk mit Hilfe
eines klassischen Würfelspieles.
Wichtig ist nur, dass bei bestimmten
Zahlen, entsprechende Aktivitäten
festgelegt werden.
Bei einer Sechs, einem
Pasch, einer Straße, ...
darf man sich ein Geschenk aussuchen,
singt ein Lied, sagt einen Vers auf,
nascht ein Konfekt vom Naschteller
oder benennt jemanden,
der diese Dinge tut.

# Party, Spiele & Co.

✭ **Teekesselraten**
Seite 72

✭ **Weiße Weihnacht**
Seite 74

✭ **Nikolausparty**
Seite 76

✭ **Rentierparty**
Seite 78

✭ **Naschspiele**
Seite 80

✭ **Buchstabenspiele**
Seite 81

# Teekesselraten

Man kann das Geschenkeverteilen auch mit einem lustigen Ratespiel verbinden. Wer die Lösung weiß, darf sich ein Geschenk aussuchen oder jemanden nennen, der sich sein Geschenk heraussuchen darf.

Das Wort Teekessel steht immer für den Begriff mit doppelter Bedeutung, den man sucht.

Mein Teekessel kann fliegen.
Mein Teekessel ist ein liebes Kind.
**Engel**

Mein Teekessel schmeckt am besten aus Dresden.
In meinem Teekessel arbeiten Bergarbeiter.
**Stollen**

Mein Teekessel schmeckt knusprig.
Meinen Teekessel sagt man zu dummen Mädchen.
**Gans**

Mein Teekessel leuchtet.
Mit meinem Teekessel startet man ein Auto.
**Kerze**

Mein Teekessel ist eine Frucht.
Mein Teekessel hat Angst.
**Feige**

Mein Teekessel ist eine Nuss.
Mein Teekessel sitzt im Hals.
**Mandel**

Mein Teekessel leuchtet draußen.
Mein Teekessel ist eine Zeitschrift.
**Stern**

Mein Teekessel ist ein Gewürz.
Mein Teekessel ist eine Blume.
**Nelke**

Mein Teekessel liegt im Stroh.
Meinem Teekessel wird heute eine Kerze angezündet.
**Christkind**

Mein Teekessel schmeckt nach Gewürzen.
Aus meinem Teekessel kann man ein Haus bauen.
**Pfefferkuchen**

Mein Teekessel hängt an bestimmten Gebäuden.
Mein Teekessel deckt Käse ab.
**Glocke**

Mein Teekessel wird an den Baum gehängt.
Meinen Teekessel braucht man zum Schießen.
**Kugel**

Meinen Teekessel nascht man.
Mein Teekessel ist Teil eines Spieles.
**Dominostein**

Mein Teekessel ist ein Sternzeichen.
Mein Teekessel lügt.
**Waage**

Mein Teekessel hängt bei Frost am Dach.
Mein Teekessel wächst am Baum.
**Zapfen**

In meinem Teekessel betet man.
Mein Teekessel spielt zum Tanz auf.
**Kapelle**

# Weiße Weihnacht

**Alle Gäste kommen in weißen Kostümen:** Schneemann, Schneeball, Engel, Eisbär, Schneeflocke, Väterchen Frost, Zuckerhut, Schneehase, Eiszapfen ...

**Die Wohnung (Wohnzimmer, Küche ...)** gestaltet man mit weißen Tüchern und Laken. Man kann aus Tisch und Stühlen z.B. Iglus bauen. Wattebällchen sollte man für Spiele und als Schneeballersatz auf Vorrat haben. Weißes Konfetti ist unfair, macht aber Spaß.

Dekorativ gestalten kann man auch das Winterbuffet. Dazu gehören nur weiße Gerichte und viel, viel Eiscreme mit Kokos, Kokoslikör in Getränken, Milchshakes mit und ohne Alkohol.

Als Gerichte kommen nur weißes Fleisch (Fisch o. Huhn), Weißkäse - auch mit Knoblauch - Weißwurst, Rettich Käsesuppe und weißes Brot in Frage. Abrunden sollte das Buffet eine gute Auswahl an Süßwaren aus Zuckerguss, weiße Schaumküsse, Sahnebaiser und wenn einem nichts mehr einfällt: alles überdecken mit viel, viel Puderzucker.

Keine Party ohne Spiel und Tanz:

<u>1. Heiteres Kostüme-Raten:</u>
Dazu werden einem Mitspieler die
Augen verbunden. Er wird nun durch Ertasten,
nach Zeit, fünf ausgesuchte Personen im Raum
an ihren Kostümen erraten. Oder er
errät, was dieses Kostüm darstellt.
Das kann man reihum als Wettstreit spielen.

<u>2. Schneespiele</u> - aus der Rentierparty, Seite 78,
<u>3. Fotowettbewerb</u> - aus der Nikolausparty, Seite 76,
<u>4. Luftballontanz</u> geht auch mit weißen Ballons,
<u>5. Watteballpusten</u>,
<u>6. Basteln lustiger Figuren</u> aus Watte oder
aus Modelliermasse und prämieren der
skurrilsten, lustigsten Gestalten.

Die absolute Superidee:
<u>7. Eine SCHAUMPARTY!</u>
Diese Badparty sollte auf eine
maximale Personenzahl begrenzt
werden.

Auch ein
<u>8. Stripteasespiel</u>
kann die Nacht und die Party zu
einem heißen Erlebnis werden lassen.

*Party, Spiele & Co.*

# Die Nikolausparty

Alle Gäste kommen in Nikolauskostümen - der Phantasie kann hier freien Lauf gelassen werden.
Es gibt nur Gerichte in rot-weiß oder nur in braun und nur weihnachtlich dekoriert oder in Form und Aussehen wie ein Weihnachtsmotiv. Mit Getränken sollte es das Gleiche sein. Vielleicht kann man eine entsprechende Cocktailkarte vorher gestalten.

## Spiele:

1. <u>Fotowettbewerb</u>
(nichts für Feiglinge)
Jeder Nikolaus bzw. jedes Pärchen bekommt einen Fotoapparat und muss innerhalb einer vorgegebenen Zeit so viele Fotos wie möglich mit Leuten von der Straße oder mit seinen Wohnnachbarn machen. Gesucht wird das skurrilste oder komischste Foto!

Im Zeitalter von Digitalkamera, Chip und PC sollte das kein Problem sein!

## 2. Geschenkesammeln

Jeder Nikolaus oder jedes Pärchen muss mit einem Sack losrennen und Geschenke und Gaben in der Nachbarschaft "erschnorren". Wer die meiste Auslese hat oder die komischsten Gaben wird "Supernikolaus". Natürlich werden die Gaben nicht zurück gegeben, sondern unter den Mitspielern aufgeteilt.

## 4. Aufsagespiele

"Ich packe meinen Weihnachtssack und nehme mit: ..."(nach: "Ich packe meinen Koffer")

## 5. Reime dichten

Der Spielleiter gibt die erste Zeile eines Reimes vor. Durch Flaschendrehen wird dann der Spieler gesucht, der die zweite Zeile dichten muss.

Beispiel: "Der Rudi hat 'nen Donnerzapfen ..."
"... da kann er gut im Schnee mit stapfen!"
oder: "Die Weihnachtszeit bringt auch viel Schnee ..."
"... da springt der Elch gern im Karree!"

## 6. Stripteasespiele

dürfen nicht fehlen bei so viel Kostüm!

# Die Rentierparty

Diese Party ist für Gastgeber mit Garten bestens geeignet, weil diese Party sowohl drinnen als auch draußen stattfindet.

### Voraussetzung:
Jeder Gast verkleidet sich als Rentier, jeder nach seiner Phantasie und gibt sich einen Rentiernamen. Jeder Gast erhält die Aufgabe, etwas für die Futterkrippe mitzubringen und sich eine Aktivität auszudenken, die mit seinem Rentiernamen beginnt: z.B. "Egon wünscht sich ein Lied zum Tanzen mit ...", "Reni wünscht sich einen Schaumkuss zum Wettessen mit ...", "Rosi wünscht sich einen Schneeball zum Wettschießen mit ...". Diese Aktivitäten werden auf einen Zettel geschrieben und in einen gemeinsamen Lostopf geworfen. Nun wird jede Stunde oä. ein Zettel gezogen und die Aktivität kann beginnen.

### Für die Gastgeber:
Ein Heizpilz für den Ort der Futterkrippe, ein Eimer Glühwein als Tränke. Der Garten sollte vorzugsweise mit viel Schnee "bestückt" sein. Für das letzte Spiel ein warmes Wohnzimmer.

**Die Rentiere sind los!**
Hier ein paar Vorschläge zur Partynacht:
1. Stimmungsmusik ist nahezu **Pflicht** und eine Kamera auch.
2. Schneespiele für draußen,
3. später Kuschelspiele oder
4. am Kamin: Stripteasespiele!

<u>Schneespiele:</u>
- Schneeballweitwurf,
- Büchsenwurf mit Schneebällen,
- Wer baut die schönste Schneefrau?,
- Tiere bauen aus Schnee und prämieren,
- Schneemurmeln:
  Dazu baut man vorher einen großen Schneeberg mit vielen Rillen und Tunneln. Jeder bekommt eine eigene Murmel und muss diese von der Spitze an versuchen, in ein für alle festgelegtes Ziel zu rollen. (... manche Rillen enden im Aus!)
  Jeder darf seine Murmel, wenn er dran ist, nur einmal bewegen. Dann ist der nächste dran. So geht es reihum, bis alle ihre Murmeln irgendwie vom Berg haben.
- Schneeballschlacht - wer getroffen ist, **ist raus!**
- Brezel-Angeln ohne Hände:
  Nur mit dem Mund!
  Es werden an einem Baum Brezeln gehängt und abgegessen. Zur Hilfe kann ein Schneeberg gebaut werden.

# Die Naschspiele

## Plätzchenmemory

**Voraussetzung:**
20 - 30 Paare gebackene kleine Plätzchen.
Es darf immer nur ein Paar genau identisch
sein in der Form und in der Gestaltung.
Genauso viele Plastebecher wie Plätzchen,
um diese damit abdecken zu können.

Spielt man das Memory auf dem Fußboden,
hat man einen besseren Überblick.
Wichtig ist, der Untergrund ist eben und sauber.
Nun ja: Wer ein richtiges Paar hat,
kann es behalten und aufessen.

## Flinke Nüsse - schnelle Küsse

**Voraussetzung:**
Jeder Mitspieler bekommt einen kleinen Teller
mit gleich viel Erdnüssen, Schokoküssen
oder Nusssplittern und zwei Streichhölzer.

Auf Kommando beginnt das Wettessen
nur mit Hilfe der Hölzer.
Wer zuerst seinen Teller ohne Hilfe
der Finger geleert hat, ist Sieger.
Anstelle von Streichhölzern kann man
auch Schaschlikstäbe benutzen.

# Buchstabenspiele

## Begriffe legen
**Voraussetzung:**
gebackene Buchstaben (Russisch Brot)
oder eine Tüte Buchstabennudeln.

Jeder Mitspieler bekommt eine Hand oder
Tasse voll ... mit nicht sortierten Buchstaben.
Der Erste aus der Runde nennt einen Begriff
passend zur Weihnachtszeit, der von allen
aus ihrem Buchstabenvorrat gelegt werden muss.
Sieger der Runde ist immer der, der zuerst <u>ohne</u>
Schreibfehler fertig ist. Dann ist der nächste dran.

## Blinder Klaus
**Voraussetzung:**
gebackene Buchstaben, ein Tuch zum Augenverbinden,
möglichst viele gleichlange Wörter aus der Winterzeit.

Dem ersten Mitspieler werden die Augen verbunden.
Das Wort wird vor dem Spieler auf den Tisch
gelegt. Nun muss er allein durch Ertasten das Wort
erraten. Hat er es gefunden, ist der nächste dran.
Man kann das Spiel auch auf Zeit
spielen. Der Gewinner, der am
schnellsten das Wort errät,
darf es aufessen.

## Lesen, Schmunzeln & Verschenken

**O du Fröhliche**
Der Weihnachts-Partyspaß für Erwachsene
Hardcover, Glanzdruck,
80 farbige Seiten, Format 12 x 17,5 cm, Fotos
ISBN: 978-3-9808877-6-6

**Saufrech**
Witze, Party & Comicspaß
Hardcover, Glanzdruck,
80 farbige Seiten, Format 12 x 17,5 cm,
Fotos & Karikaturen
ISBN: 978-3-940025-16-6

**Ach du dickes Ei**
Viel Witz, Spiel, Spaß & Rezepte rund ums Osterfest
Hardcover, Glanzdruck, 144 farbige Seiten,
Format 12 x 17,5 cm, Fotos & Karikaturen
ISBN: 978-3-9810368-9-1

**BESTSELLER!**

**Lustig ist das Rentnerleben**
Spaßbuch mit Liedern & Witzen für unterwegs
Hardcover, Glanzdruck,
144 farbige Seiten, 12 x 17,5 cm, Fotos
ISBN: 978-3-9809890-7-0

**Das ist Männersache**
für alle Wandervögel & Stammtischrunden!
... über Männer, für Männer & Männerfreundschaften
mit Witzen, Sprüchen, Trinkversen & -liedern
Hardcover, Glanzdruck, 64 farbige Seiten mit
Fotos und Karikaturen, 12 x 17,5 cm,
Innenstanzung mit Kräuterlikör, 0,1 l, 32% vol.
Das Buch ist eingeschweißt.
ISBN: 978-3-940025-02-9

**BUCH MIT FLASCHE!**

www.andrea-verlag.de

**Alles, alles Gute!**
Passende Verse & Wünsche für alle Lebenswege
nach Themen sortiert,
Hardcover, Glanzdruck,
144 farbige Seiten, 12 x 17,5 cm, Fotos
ISBN: 978-3-9807951-7-9

**Viel, viel Glück!**
Passende Verse & Wünsche für alle Lebenswege
nach Themen sortiert,
Hardcover, Glanzdruck, 144 farbige Seiten,
Format 12 x 17,5 cm, Fotos
ISBN: 978-3-940025-00-5

**Lebensweisheiten**
Momente im Glück
Zitatesammlung zu den Themen
Freude, Gesundheit und Glück
Hardcover, Glanzdruck, 80 farbige Seiten,
Format 12 x 17,5 cm
ISBN: 978-3-940025-18-0

**Lebensweisheiten**
Freude im Leben
Zitate und Sprichwörter zum Sinn des Lebens
Hardcover, Glanzdruck, 80 farbige Seiten,
Format 12 x 17,5 cm
ISBN: 978-3-940025-19-7

**Lebensweisheiten**
Harmonie und Liebe
Zitatesammlung zu den Themen
Liebe und Leidenschaft,
Hardcover, Glanzdruck, 80 farbige Seiten,
Format 12 x 17,5 cm
ISBN: 978-3-940025-20-3

www.andrea-verlag.de

Konzeption: Andrea VerlagsGmbH

Gestaltung: Kathrin Schmigalle

Karikaturen: Carmen Lang

Dank den Models: Antje Bigalke,
Carmen Lang,
Jens Klauke,
Peter Sehlmann,
Michael Bigalke,
Mario Kempcke

Wir danken allen am Zusammentragen der Witze, Sprüche und Lieder beteiligten Personen. Alle Urheberrechte wurden sorgfältig geprüft. Eine genaue Zuordnung gelang nicht in jedem Fall.
Alle Rechte der von den Mitarbeitern des Verlages umgedichteten Lieder, verfassten Gedichte, Reime u.a. sind dem Verlag vorbehalten. Reproduktion, Speicherung in Datenverarbeitungsanlagen und Wiedergabe nur mit Verlagsgenehmigung. Eine Haftung des Verlages für Personen-, Sach- & Vermögensschäden ist ausgeschlossen.

- Printed in Germany -

ISBN: 978-3-940025-17-3